정해왕 글

1965년 충남 서천에서 태어나, 연세대학교에서 국문학을 공부했다. 1994년 『개땅쇠』로 MBC창작동화대상을 받으며 작가의 길에 들어섰다.
지금은 '어린이책작가교실' 대표로서 참신한 어린이 책 작가들을 길러내는 한편, 재미있고 알찬 어린이 책을 만드는 데 힘쓰고 있다.
그동안 펴낸 책으로는 『자린고비 일기』, 『토끼 뻥튀기』, 『한글 피어나다』, 『대기만성 손만성』 등이 있으며, 초등 국어 교과서에 『금강초롱』이 실렸다.

김지연 그림

서울에서 태어나 경북 구미에서 자랐다. 평생 해도 후회하지 않을 공부를 하고 싶어 대학원에서 서양화를, SI그림책연구소에서 그림책을 공부했다.
그림책 세상의 마법 먼지를 먹으며 그림 그리고 글쓰기, 아이들 웃음소리와 돌멩이 모으기를 좋아한다. 구석구석 재미난 것 찾아 매일 설레기,
성큼성큼 걸어 나아가기, 때론 멀리 돌아가며 씩 웃기도 한다. 현재 인생 명랑! 홍홍홍 콧노래 중.
그동안 펴낸 책으로는 『깊은 산골 작은 집』, 『부적』이 있다.

보물이다 삼국유사 4

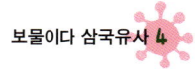

ⓒ 정해왕 글 | 김지연 그림

초판 1쇄 발행 2012년 5월 20일 | **초판 3쇄 발행** 2014년 1월 10일 | **글쓴이** 정해왕 | **그린이** 김지연 | **펴낸이** 조미현 | **책임편집** 황정원 | **편집진행** 조은실
디자인 최남주 | **출력** (주)한국커뮤니케이션 | **인쇄** 천일문화사 | **제책** 두영바인텍
펴낸곳 (주)현암사 | **등록** 1951년 12월 24일 제10-126호 | **주소** 121-839 서울시 마포구 서교동 481-12 | **전화** 365-5051 | **팩스** 313-2729
전자우편 child@hyeonamsa.com | **홈페이지** www.hyeonamsa.com | **트위터** www.twitter.com/hyeonami | **페이스북** www.facebook.com/hyeonami

ISBN 978-89-323-7260-0 74810
　　　978-89-323-7261-7 (세트)
이 도서의 국립중앙도서관 출판시도서목록(CIP)은 e-CIP홈페이지(http://www.nl.go.kr/ecip)와
국가자료공동목록시스템(http://www.nl.go.kr/kolisnet)에서 이용하실 수 있습니다.(CIP제어번호: CIP2012002170)

* 이 책은 저작권법에 의해 보호받는 저작물이므로 저작권자와 출판사의 허락 없이 이 책의 내용을 복제하거나 다른 용도로 쓸 수 없습니다.
* 지은이와 협의하여 인지를 생략합니다.
* 책값은 뒤표지에 있습니다. 잘못된 책은 바꾸어 드립니다.

보물이다 삼국유사 4

연오랑 세오녀

정해왕 글 | 김지연 그림

현암사

아주 오래전 일이란다.
신라의 동쪽 바닷가 마을에 한 부부가 살았어.
남편 이름은 연오랑, 아내 이름은 세오녀였지.
연오랑은 바다에 나가 고기를 잡고,
세오녀는 집에서 베를 짜며 살림을 꾸렸어.
비록 넉넉한 살림살이는 아니었지만
두 사람은 서로 아끼고 사랑하며 행복한 나날을 보냈지.

"여보, 오늘은 미역을 따 올 테니, 저녁에 국 끓여 먹읍시다."
"그래요. 여보, 조심해서 다녀오세요."
그날도 연오랑은 아내에게 손을 흔들며 바닷가로 나갔어.
널찍한 바위에 올라가 한창 미역을 따는데,
갑자기 바위가 우르르 흔들리지 뭐야.
"어어…… 이 바위가 왜 이러지?"
연오랑은 몸이 기우뚱하는 바람에 털썩 주저앉았어.

그런데 가만히 보니, 바위가 물살을 가르며 둥둥 떠가는 거야.
"아니, 이게 어찌 된 일이지?"
어리둥절해진 연오랑은 주위를 두리번거렸어.
바위는 점점 뭍에서 멀어지고 있었지.
연오랑은 생각했어.
'이토록 무거운 바위가 물 위를 떠가다니,
이건 예삿일이 아니야.
틀림없이 무슨 하늘의 뜻이 있을 거야.'
바위는 연오랑을 태운 채 검푸른 바다 위를
쉬지 않고 흘러갔어.

이윽고 바위가 닿은 곳은 낯선 바닷가 마을이었어.
마침 그곳엔 여러 명의 어부들이 일을 하고 있었지.
"세상에 이럴 수가! 사람이 바위를 타고 바다를 건너오다니……."
"오오, 저분은 보통 사람이 아닐 거야."
바닷가 사람들은 연오랑 앞에 넙죽 엎드렸어.
그런데 사람들 옷차림과 머리 모양이 신라와는 전혀 달라.
그곳은 바다 건너 일본 땅이었던 거야.

사람들은 연오랑을 가마에 태워 커다란 집으로 모셨어.
"아직까지 우리에겐 임금이 없었습니다.
당신은 하늘이 우리를 위해 보내신 임금이 틀림없습니다.
제발 이 땅의 임금이 되어 우리를 잘 다스려 주십시오."
그 말을 다 듣고 연오랑은 고개를 끄덕였어.
"이제야 알겠구려, 나를 이곳으로 데려온 하늘의 뜻을."
이렇게 하여 연오랑은 그 땅의 임금이 된 거야.
하지만 마음 한구석엔 세오녀에 대한 걱정이 떠나질 않았단다.

남편이 걱정되기는 세오녀도 마찬가지였어.
날이면 날마다 해가 뜰 때부터 해가 질 때까지
연오랑의 흔적을 찾아 바닷가를 헤매 다녔지.
"여보, 여보, 도대체 어디로 사라진 게요? 나 혼자 어찌 살라고……."
세오녀의 눈에는 눈물 마를 날이 없었지.
그렇게 며칠이 흘렀을까?
바다 저 멀리서 웬 바위 하나가 둥실둥실 떠오네.

바위 위에는 신발 한 켤레가 가지런히 놓여 있었어.
"아니, 이 신발은……."
세오녀는 한눈에 자기 남편 신발을 알아보았지.
그 신발을 손에 꼭 쥐고서 세오녀가 바위에 올라섰어.
"좋아요. 당신이 가신 곳이라면 어디든 나도 따라가겠어요."
그러자 바위는 세오녀의 말을 알아듣기라도 한 듯
천천히 바다를 향해 나아갔어.

머나먼 바다를 건너 바위가 멈춘 곳은
지난날 연오랑이 내린 바로 그 바닷가였어.
"저기 좀 봐요. 웬 여자가 또 바위를 타고 와요."
"정말이구려. 옷차림이 우리 임금님 처음 오실 때랑 비슷한걸.
아무래도 하늘이 보내신 우리 임금님의 짝인가 보구려."
바닷가 사람들이 다가와 세오녀에게 깍듯이 고개를 숙였어.
그러고는 연오랑이 머무는 왕궁으로 데려갔지.

연오랑이 우당탕탕 달려 나와 세오녀를 얼싸안았어.
"여보, 당신이 날 찾아와 주었구려. 이게 꿈이요, 생시요?"
두 사람은 한동안 아무 말없이 뜨거운 눈물만 흘렸지.
연오랑은 세오녀에게 그동안 벌어진 일들을 자세히 들려주었어.
그러고는 세오녀를 왕비로 삼았지.
그 뒤로 연오랑은 그 땅의 백성들을 평화롭게 잘 다스렸고,
세오녀는 여자들에게 베 짜는 기술을 가르쳐 주었단다.

한편, 원래 연오랑 세오녀가 살던
신라에서는 야단이 났어.
며칠 전부터 해가 빛을 잃더니, 이제 달까지 어두침침해진 거야.
"이거 참 큰일이구려, 큰일!"
"이래 가지고서야 어찌 농사를 짓고 일을 한단 말이오?"
"게다가 여기저기서 무서운 도둑 떼가 설치고 다닌답니다.
이러다가 나라가 망하는 건 아닌지……."
이렇듯 백성들의 걱정은 깊어지고
한숨 소리는 높아져만 갔지.

신라의 임금은 신하들을
불러 모아 회의를 열었지.
"해와 달이 빛을 잃다니,
이를 어찌하면 좋단 말이오?"
그때 일관 한 사람이 앞으로 나서더니
이런 말을 하는 거야.
"본래 우리 신라 땅에 해를 지키는
남신과 달을 지키는 여신이 살았는데,
그들이 일본으로 건너가는 바람에
이런 일이 벌어진 듯하옵니다."
"그렇다면 그들을 다시 우리 땅으로
모셔 와야 하지 않겠소?"
신라 임금은 똑똑하고 말 잘하는 신하를 뽑아
얼른 일본으로 보냈지.

일본에 닿은 신라 사신은 사람들에게 물어 물어 연오랑을 찾아갔어.
바다를 건너온 남녀가 그곳에서 임금과 왕비가 되었다는 소문을 들었거든.
"임금님, 왕비님이시여! 제발 우리 신라로 돌아와 주십시오."
사신의 말에 연오랑이 고개를 가로저으며 대답했어.
"우리가 이곳으로 온 것은 하늘의 뜻이니, 어찌 돌아갈 수 있겠소?
자, 이 비단을 가지고 가서 하늘에 제사를 올리시오.
그리하면 일이 잘 풀릴 것이오."
연오랑은 신라 사신에게 비단 한 필을 내렸어.
그것은 세오녀 왕비가 정성 들여 짠
귀한 비단이었지.

신라 사신은
비단 한 필만 받아 들고서
물러날 수밖에 없었어.
신라로 돌아오는 배 안에서도
사신의 마음은 영 편치를 않았지.
'연오랑 임금님의 말씀이 사실일까?
이 비단으로 제사를 지내도
아무 소용이 없으면 어쩐담?'

사신은 신라 임금에게 비단을 바치며 연오랑의 말을 전했지.
신라 임금은 신하들을 거느리고 동쪽 바닷가로 나아갔어.
그곳은 신라에서 해가 가장 먼저 떠오르는 곳이었거든.
돌을 쌓아서 제단을 만들고 조심스레 비단을 얹었어.
임금과 신하들은 연거푸 절을 하며 한목소리로 외쳤지.
"하늘이시여, 하늘이시여, 해와 달의 빛을 되돌려 주옵소서!"
그러자 정말 믿기 힘든 일이 벌어졌어.
어두침침하던 해가 서서히 빛을 되찾는 거야.
눈부시게 밝고, 온 누리를 따사롭게 비추는 빛이었지.

신라 임금이 크게 기뻐하며 말했어.
"이 비단을 왕궁 곳간에 잘 모셔라.
앞으로 그 곳간의 이름을 '귀비고'라 부르겠노라."
귀비고란 '귀한 왕비의 곳간'이라는 뜻이야.
비단을 짜 준 세오녀 왕비에게 감사하는 마음이 담긴 이름이지.
신라 임금이 또 말했어.
"오늘 우리가 하늘에 제사 지낸 이곳을 '영일현'이라 부르겠노라."
영일현이란 '해를 맞이한 고을'이라는 뜻이야.
지금도 새해 첫날이 되면 수많은 사람들이
그곳에서 해맞이 잔치를 벌인단다.

| 엄마 아빠랑 보물찾기 |

우리의 앞선 기술을 일본에 가르쳐 주다!

옛날에는 우리나라가 일본보다 훨씬 앞선 기술을 지니고 있었어요. 우리 조상들은 일본 땅으로 건너가 그곳 사람들에게 여러 가지 기술을 전해 주었지요. 도자기 굽는 기술, 집 짓는 기술, 쇠를 녹여 칼이나 농기구를 만드는 기술 들을 말이에요. 앞의 이야기에서 세오녀도 일본 사람들에게 베 짜는 기술을 가르쳐 주잖아요. 그런데 나중에 힘을 기른 일본은 총칼을 앞세워 우리나라에 쳐들어와요. 그것도 여러 번이나 말이죠. 한마디로 말하자면, 은혜를 원수로 갚은 셈이지요.

연오랑과 세오녀의 정체는?

연오랑과 세오녀가 살던 영일현(지금의 포항시) 지역엔 근기국이라는 작은 나라가 있었어요. 역사학자들은 연오랑 세오녀가 근기국에서 하늘에 제사 지내는 일을 맡아 보던 제사장들이었을 거라고 짐작해요. 그런데 경주를 중심으로 힘을 키워 가던 신라가 근기국을 집어삼키게 되잖아요. 그러자 두려움에 떨던 근기국 제사장들이 동해를 건너 일본으로 달아났다는 거지요. 그 뒤로 세월이 흐르면서 연오랑 세오녀의 신화가 만들어졌다는 거예요.

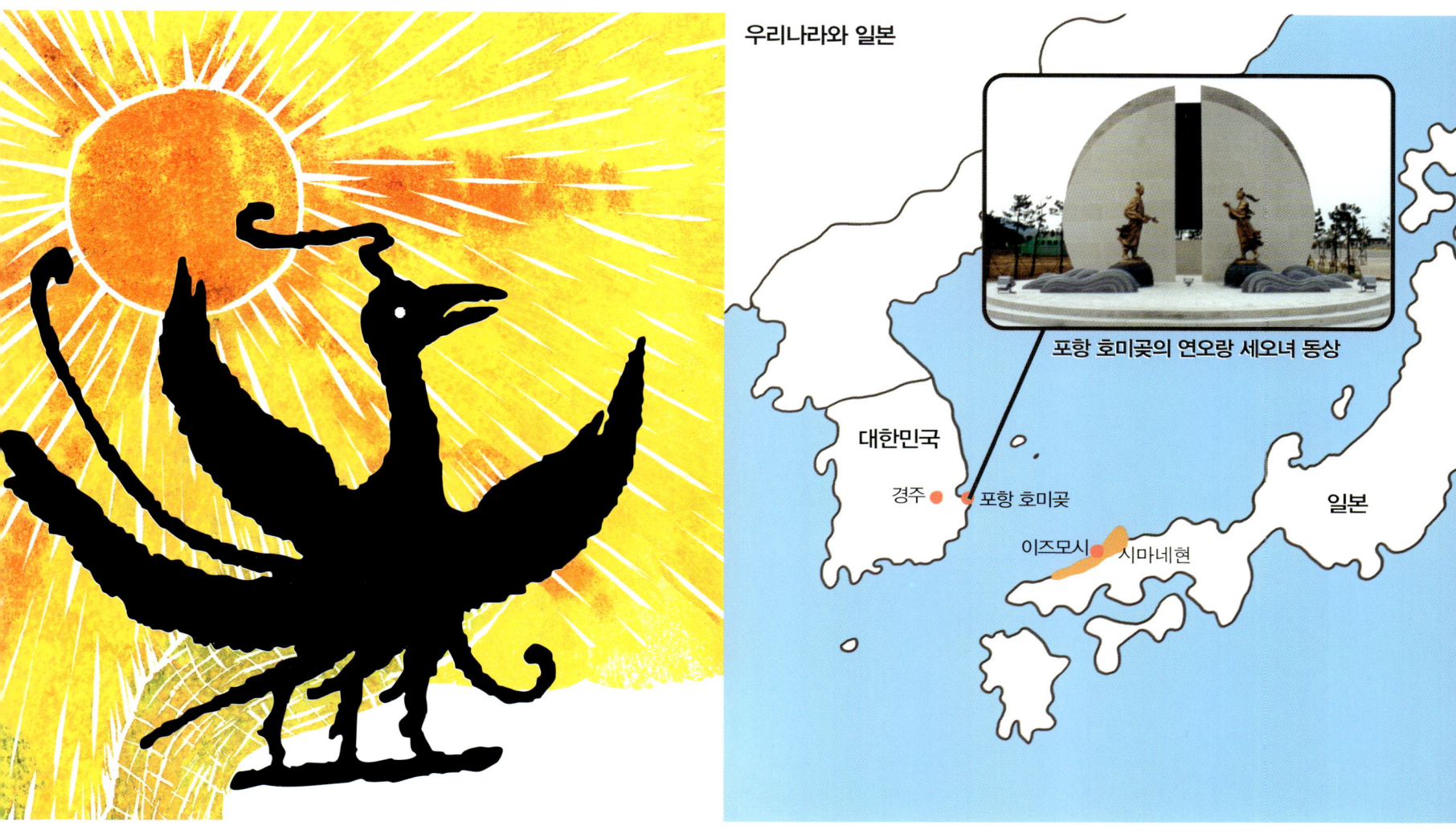

까마귀는 태양의 상징

연오랑은 한자로 '延烏郎'이라고 쓰고, 세오녀는 한자로 '細烏女'라고 써요. 자세히 살펴보면 가운데 글자가 똑같죠? 바로 까마귀 오(烏) 자예요. 먼 옛날, 우리 조상들은 활활 타오르는 태양 속에 까마귀가 깃들어 산다고 믿었어요. 그 까마귀는 발이 셋이라서 '세발까마귀', 즉 '삼족오(三足烏)'라 불렸지요. 우리 조상들은 세발까마귀를 용이나 봉황처럼 아주 신성한 동물로 여겼어요. 그래서 그런지 고구려의 무덤 속 벽화에도 자주 모습을 보인답니다.

연오랑 세오녀 추모제

우리나라 지도를 보면, 동쪽 바닷가에 호랑이 꼬리처럼 뾰족하게 튀어나온 부분이 있어요. 경상북도 포항시에 속한 호미곶이에요. 새해 첫날 해돋이를 보려고 수많은 사람들이 몰려드는 이름난 장소지요. 해마다 이곳에서는 '연오랑 세오녀 추모제'가 열려요. 우리 겨레의 앞선 문화를 일본에 전해 준 연오랑과 세오녀를 기리기 위해 포항시가 마련하는 행사예요. 신화 속 인물들이 우리 역사의 소중한 주인공으로 되살아난 거지요.